I0407183

WELKOM BY DIE SORGMAAK GENAVORS EN VERPAK

INTENSIEWE SKRYF

&

PUBLISERING KURSUS

VAN DIE

NUWE DIMENSIE CHRISTELIKE Skrywersverenigi ng –

'N AFDELING VAN NUWE DIMENSION CHAPLAINS INITIATIVE INC

HOOFKWARTE:
LAGOS, NIGERIA.

KURSUSUITLYNE VIR DIE
HOOGS NAVORSINGS
**INTENSIEWE SKRYF-
EN PUBLISERING
KURSUS**

Kursus 1: Die basiese beginsels van skryf

Hierdie kursus sal die grondbeginsels van skryf dek, soos grammatika, leestekens en styl.

Studente sal leer hoe om duidelike, bondige en boeiende sinne en paragrawe te skryf. Hulle sal ook leer hoe om hul skryfwerk op 'n logiese manier te struktureer.

Kursus 2: Karakterontwikkeling

Hierdie kursus sal fokus op die skep van geloofwaardige en onvergeetlike karakters. Studente sal leer hoe om hul karakters se agtergrond, motiverings en persoonlikhede te ontwikkel. Hulle sal ook leer hoe om dialoog te skryf wat natuurlik en geloofwaardig is.

Kursus 3: Plot en struktuur

Hierdie kursus sal studente leer hoe om 'n boeiende intrige te skep en hul storie te struktureer op 'n manier wat lesers betrokke hou. Studente sal leer hoe

om konflik, spanning
en oplossing te skep.
Hulle sal ook leer hoe
om voorafskaduwing
en ander literêre
toestelle te gebruik
om 'n gevoel van
misterie en intrige te
skep.

Kursus 4: Wêreldbou

Hierdie kursus sal studente leer hoe om 'n geloofwaardige en meeslepende wêreld vir hul stories te skep. Studente sal leer hoe om kaarte, kulture en gelowe vir hul wêrelde te skep.
Hulle sal ook leer hoe om taal te gebruik om 'n gevoel van plek en atmosfeer te skep.

Kursus 5: Selfredigering

Hierdie kursus sal studente leer hoe om hul eie skryfwerk te redigeer vir duidelikheid, grammatika en styl. Studente sal leer hoe om foute in hul skryfwerk te identifiseer en reg te stel. Hulle sal ook leer hoe om hul skryfwerk te verbeter deur sterker werkwoorde, meer aanskoulike beelde en meer bondige taal te gebruik.

Kursus 6: Bemarking en Bevordering

Hierdie kursus sal studente leer hoe om

hul boeke te bemark en te bevorder. Studente sal leer hoe om 'n webwerf te skep, 'n gehoor te bou en hul boeke te verkoop. Hulle sal ook leer hoe om sosiale media te gebruik om hul boeke te bevorder.

Hierdie is net 'n paar voorbeelde van

natuurlik uiteensettings vir ontluikende skrywers. Die spesifieke kursusse wat jy aanbied sal afhang van jou eie belangstellings en kundigheid. Hierdie kursusse sal jou egter 'n goeie grondslag gee in die basiese beginsels van skryf en bemarking.

Benewens hierdie kursusse, word van studente verwag om deel te neem aan 'n reeks werkswinkels of mentorskapprogram me vir topverkoper-outeurs. Dit is 'n goeie manier om een-tot-een leiding en ondersteuning aan aspirant-skrywers te bied.

Ek hoop hierdie help!

KURSUS 1

DIE BASIESE

1.1. **WAT IS 'N BOEK?**

1.2. **SOORTE BOEKE**

1.2.1. NIE-FIKSIE

HANDBOEKE

BIOGRAFIEë

ANTOLOGIES, ENS.

LAE INHOUD BOEKE

- WERKBOEKE
- HANDLEIDINGS
- JOERNALE
- DAGBOEKE EN LOGBOEKE.

- **AANPASINGS**
- **VERKORTE REEKS, ENS**

BIOGRAFIE S

Daar is baie voordele verbonde aan die publikasie van biografieë. Hier is 'n paar van hulle:

Dokumentering van geskiedenis: Biografieë kan die lewens van belangrike mense en gebeure dokumenteer, en hul stories vir toekomstige geslagte bewaar. Dit kan veral waardevol wees

vir mense wat
beduidende
bydraes tot die
samelewing
gemaak het of wat
deur belangrike
historiese
gebeurtenisse
geleef het.
Inspireer ander:
Biografieë kan
ander inspireer

deur hulle te wys
hoe gewone mense
buitengewone
dinge kan bereik.
Hulle kan ook
insig gee in die
uitdagings en
oorwinnings van
die lewe, wat
nuttig kan wees
vir mense wat hul

eie uitdagings in die gesig staar. Opvoeding van lesers: Biografieë kan lesers opvoed oor verskillende kulture, tydperke en lewenswyses. Hulle kan ook insigte in die menslike toestand verskaf , wat lesers kan help om hulself en ander beter te verstaan. Vermaak lesers: Biografieë kan vermaaklik sowel as opvoedkundig wees. Hulle kan stories vertel wat beide fassinerend en leersaam is. Dit maak hulle 'n goeie manier om oor die wêreld te leer terwyl hulle ook lekker lees. Bevordering van sosiale verandering: Biografieë kan sosiale verandering bevorder deur die verhale uit te lig

van mense wat vir
geregtigheid en
gelykheid geveg
het. Hulle kan ook
bewustheid van
belangrike
kwessies kweek en
ander inspireer
om op te tree.

Oor die algemeen
bied biografieë 'n

aantal voordele. Hulle kan geskiedenis dokumenteer, ander inspireer, lesers opvoed, lesers vermaak en sosiale verandering bevorder. As jy belangstel om 'n biografie te skryf, moedig ek jou aan om dit te doen. Dit kan 'n lonende ervaring wees wat jou en jou lesers sal bevoordeel.

1.2. WAT IS BOEKSKRYF?

1.3. WAT IS DIE BELANGRIKSTE DELE VAN 'N BOEK?

Die belangrikste dele van 'n boek is dié wat die leser betrokke en geïnteresseerd hou. Dit kan wissel na gelang van die genre van die boek, maar 'n paar algemene elemente wat in die meeste boeke belangrik is, sluit in:

Die plot: Die plot is die ruggraat van enige boek. Dit is die storie wat die boek vertel, en dit is wat die leser laat omblaai. Die intrige moet goed verloop, met genoeg kinkels om die leser aan die raai te hou.

Die karakters: Die karakters is die mense wat die boek se wêreld bewoon. Dit is diegene met wie die leser kontak sal maak, daarom is dit belangrik om

hulle goed
ontwikkel en
herkenbaar te
maak. Die
karakters moet
duidelike
doelwitte en
motiverings hê, en
hulle moet
uitdagings in die
gesig staar wat die
leser kan wortel

vir hulle om te oorkom.

Die omgewing:

Die omgewing is die wêreld waarin die boek afspeel. Dit kan 'n regte plek of 'n fiktiewe een wees, maar dit moet goed beskryf word sodat die leser dit in hul gedagtes kan voorstel. Die omgewing moet ook relevant wees vir die intrige en die karakters, en dit moet help om 'n gevoel van atmosfeer te skep. Die skryfstyl: Die skryfstyl is die manier waarop die

boek geskryf is.
Dit is die skrywer
se stem, en dit is
wat die boek uniek
sal maak. Die
skryfstyl moet
duidelik, bondig
en boeiend wees.
Dit moet ook
gepas wees vir die
genre van die
boek.

Die temas: Die temas is die onderliggende boodskappe van die boek. Hulle is wat die boek oor die wêreld probeer sê. Die temas moet duidelik en goed ontwikkel wees, en hulle moet relevant wees vir die intrige en die karakters.

Dit is maar net 'n paar van die belangrikste dele van 'n boek. Die spesifieke elemente wat die belangrikste is, sal verskil na gelang van die genre van die boek, maar dit is van die elemente wat noodsaaklik is vir enige goeie boek.

1.4. WAT IS DIE KENMERKE VAN GOEIE KOMMUNIKASIE?

Goeie kommunikasie is noodsaaklik vir sukses op alle terreine van die lewe. Dit stel ons in staat om met ander te skakel, ons idees te deel en verhoudings te bou. Daar is baie kenmerke van goeie kommunikasie, maar sommige van die belangrikste sluit in:

Duidelikheid: Goeie kommunikasie is duidelik en maklik om te verstaan.

Die sender moet in staat wees om hul idees uit te druk op 'n manier wat die ontvanger maklik kan verstaan.

Samehang: Goeie kommunikasie is samehangend en logies. Die sender se idees moet glad vloei en sin maak.

Beknoptheid: Goeie kommunikasie is bondig en op die punt. Die sender moet onnodige woorde of besonderhede vermy.

Relevansie: Goeie kommunikasie is relevant tot die onderwerp ter sprake. Die sender moet vermy om op raaklyne af te gaan of irrelevante inligting bekend te stel.

Akkuraatheid: Goeie

kommunikasie is akkuraat en eerlik. Die sender moet vermy om vals of misleidende stellings te maak.

Empatie: Goeie kommunikasie is empaties en bedagsaam teenoor die ontvanger se gevoelens. Die sender moet bewus wees van hoe hul woorde deur die ontvanger waargeneem kan word en hul kommunikasie daarvolgens aanpas.

Respek: Goeie kommunikasie is respekvol en neem die ontvanger se perspektief in ag. Die sender moet vermy om neerhalend of neerbuigend te wees.

Openheid: Goeie kommunikasie is

oop en eerlik. Die sender moet bereid wees om hul gedagtes en gevoelens met die ontvanger te deel, selfs al is dit moeilik om oor te praat.

Benewens hierdie eienskappe word goeie kommunikasie

ook gekenmerk deur aktiewe luister, bewus wees van lyftaal en bewus wees van die konteks van die kommunikasie. Deur hierdie beginsels te volg, kan jy jou kommunikasievaardighede verbeter en sterker verhoudings met ander bou.

1.5. HOE OM 'N OUTEUR SE KOPIEREG TE BESKERM?

Kopiereg is 'n wetlike reg wat oorspronklike werke van outeurskap beskerm, insluitend literêre, dramatiese, musikale en artistieke werke, soos poësie, romans, flieks, liedjies, rekenaarsagteware en argitektuur. Kopiereg beskerm die uitdrukking van 'n

idee, nie die idee self
nie.

In die Verenigde State is kopieregbeskerming outomaties. Sodra jy 'n werk van outeurskap geskep het, besit jy die kopiereg daarop. Dit is nie nodig om u kopiereg by die Amerikaanse kopieregkantoor te registreer nie, maar dit kan 'n paar bykomende voordele bied.

Hier is 'n paar maniere waarop 'n skrywer sy kopiereg kan beskerm:

Merk jou werk met die kopieregsimbool (©). Dit is nie nodig nie, maar dit is 'n goeie manier om ander te laat weet dat jou werk kopiereg is.

Sluit 'n kopieregkennisgewing in. Dit moet die kopieregsimbool, die jaar van eerste publikasie en jou naam insluit.

Hou 'n kopie van jou werk. Dit sal jou help om te bewys dat jy die oorspronklike outeur van die werk is.

Registreer jou kopiereg by die Amerikaanse kopieregkantoor. Dit is nie nodig nie, maar dit kan 'n paar bykomende voordele bied, soos die vermoë om te dagvaar vir kopieregskending.

As jy glo dat jou kopiereg geskend is, kan jy 'n regsgeding oor kopieregskending indien. Jy kan ook 'n staak-en- weerhoubrief aan die oortreder stuur waarin jy eis dat hulle ophou om jou werk te gebruik.

Hier is 'n paar bykomende wenke om jou kopiereg te beskerm:

Hou jou werk veilig. Berg jou werk op 'n veilige plek en maak seker dat slegs gemagtigde mense toegang daartoe het.

Wees versigtig om jou werk te deel. Voordat jy jou werk met iemand deel, maak seker dat jy die bepalings van die deelooreenkoms verstaan.

Gebruik watermerke en ander tegnieke om jou werk aanlyn te beskerm. Dit kan dit moeiliker maak vir mense om jou werk sonder jou toestemming te kopieer.

Deur hierdie wenke te volg, kan jy help om jou kopiereg te beskerm en te verseker dat jou werk beskerm word.

1.6. WAT IS DIE KENMERKE VAN PLAGIAAT

Plagiaat is die handeling om iemand anders se werk of idees te gebruik sonder om aan hulle krediet te gee. Dit is 'n ernstige akademiese oortreding wat ernstige gevolge kan hê.

Die gevolge van plagiaat kan wissel na gelang van die erns van die oortreding en die instelling waar dit voorkom. Sommige algemene gevolge sluit egter in:

Die opdrag of kursus druip.

Ontvang 'n druipgraad op die werkopdrag of kursus.

Word op akademiese proef geplaas.

Uit die skool geskors word.

Verloor 'n werk of beurs.

Word gedagvaar vir kopieregskending.

Benewens die akademiese gevolge, kan plagiaat ook professionele en persoonlike gevolge hê. 'n Plagiaat kan byvoorbeeld deur uitgewers of werkgewers op die swartlys geplaas word. Hulle kan ook die vertroue van hul kollegas en vriende verloor.

Daar is 'n aantal dinge wat skrywers kan doen om plagiaat te vermy. Dit sluit in:

Verwys behoorlik na hul bronne.

Gebruik aanhalingstekens wanneer iemand

anders se woorde aangehaal word.

Om iemand anders se idees in hul eie woorde te parafraseer.

Vermy die gebruik van iemand anders se werk sonder om aan hulle krediet te gee.

As jy onseker is of iets plagiaat is of nie, is dit altyd die beste om versigtig te wees en jou bronne aan te haal. Deur hierdie wenke te volg, kan jy help om plagiaat te vermy en jou akademiese en professionele reputasie te beskerm.

Hier is 'n paar bykomende wenke om plagiaat te vermy:

Wees versigtig met die gebruik van aanlynbronne. Nie alle aanlynbronne is betroubaar nie, en sommige bevat dalk geplagieerde inhoud.

Gebruik 'n plagiaattoetser. Daar is 'n aantal plagiaatkontroleurs aanlyn beskikbaar wat jou kan help om plagiaat in jou werk te identifiseer.

Kry hulp van 'n bibliotekaris of skryfonderwyser. Bibliotekarisse en skryfonderwysers kan jou help om plagiaat te verstaan en om dit in jou werk te vermy.

Deur hierdie wenke te volg, kan jy help om te verseker dat jou werk oorspronklik is en dat jy plagiaat vermy.

KURSUS 2

BOEKONTWIKKE LING

VOORDELE DAARVAN OM SELF TE SKRYF

VOORDELE VAN DIE GEBRUIK VAN VRYSKUTTERS

VOORDELE VAN DIE GEBRUIK VAN KUNSMATIGE INTELLIGENSIE

Spoed: KI kan 'n boek baie vinniger skryf as 'n menslike skrywer. Dit kan 'n groot voordeel wees as jy op 'n kort sperdatum is of as jy 'n groot volume inhoud moet produseer.

Akkuraatheid: KI kan baie akkuraat wees in sy skryfwerk. Dit is omdat dit opgelei is op groot datastelle van teks en kode, wat dit toelaat om die patrone van menslike taal aan te leer.

Oorspronklikheid: KI kan oorspronklike inhoud genereer wat nie geplagiaat is nie. Dit is omdat dit nie deur dieselfde beperkings as menslike skrywers beperk word nie.

Kreatiwiteit: KI kan kreatief wees in sy skryfwerk. Dit is

omdat dit nuwe idees en konsepte kan genereer wat menslike skrywers dalk nie oorweeg het nie.

Nadele:

Gebrek aan menslike aanraking: KI-gegenereerde teks kan soms ontbreek aan die menslike aanraking wat skryf boeiend en interessant maak. Dit is omdat KI nie in staat is om die nuanses van menslike taal en kultuur te verstaan op dieselfde manier as wat 'n menslike skrywer kan nie.

Vooroordeel: KI kan bevooroordeeld wees in sy skryfwerk. Dit is omdat dit opgelei is op datastelle wat vooroordele kan bevat. Byvoorbeeld, as 'n KI opgelei word op 'n datastel van teks wat meestal deur mans geskryf is, is dit dalk meer geneig om teks te genereer wat bevooroordeeld teenoor mans is.

Koste: KI-gegenereerde teks kan duur wees om te vervaardig. Dit is omdat dit die gebruik van kragtige rekenaars en gespesialiseerde sagteware vereis .

Uiteindelik is die besluit of u 'n KI moet vra om 'n boek vir u te skryf, 'n persoonlike een. Daar is beide voordele en nadele om te oorweeg, en die beste opsie vir jou sal afhang van jou

spesifieke behoeftes en doelwitte.

Hier is 'n paar bykomende dinge om in ag te neem wanneer jy besluit of jy 'n KI moet vra om 'n boek vir jou te skryf of nie:

Die tipe boek wat jy wil skryf: Sommige soorte boeke is meer geskik vir KI-gegenereerde teks as ander. Byvoorbeeld, KI-gegenereerde teks kan 'n goeie pas wees vir niefiksieboeke of vir boeke wat baie navorsing verg. KI-gegenereerde teks is egter moontlik nie geskik vir fiksieboeke of vir boeke wat baie kreatiwiteit vereis nie.

Jou begroting: KI-gegenereerde teks kan duur wees om te produseer. As jy 'n beperkte begroting het, sal jy dalk ander opsies wil oorweeg, soos om 'n menslike skrywer te huur of om jou boek self te publiseer.

Jou persoonlike voorkeure: Sommige mense verkies die menslike aanraking van 'n menslike skrywer, terwyl ander meer gemaklik is met KI-gegenereerde teks. Uiteindelik is die besluit of u 'n KI moet vra om 'n boek vir u te skryf, 'n persoonlike een.

Spoed: KI kan 'n boek baie vinniger skryf as 'n menslike skrywer. Dit kan 'n groot voordeel wees as jy op 'n kort sperdatum is of as jy 'n groot volume inhoud moet produseer.

Akkuraatheid: KI kan baie akkuraat wees in sy skryfwerk. Dit is omdat dit opgelei is op groot datastelle van teks en kode, wat dit toelaat om die patrone van menslike taal aan te leer.

Oorspronklikheid: KI kan oorspronklike inhoud genereer wat

nie geplagiaat is nie. Dit is omdat dit nie deur dieselfde beperkings as menslike skrywers beperk word nie.

Kreatiwiteit: KI kan kreatief wees in sy skryfwerk. Dit is omdat dit nuwe idees en konsepte kan genereer wat

menslike skrywers
dalk nie oorweeg het
nie.

Nadele:

Gebrek aan menslike
aanraking: KI-
gegenereerde teks
kan soms ontbreek
aan die menslike

aanraking wat skryf boeiend en interessant maak. Dit is omdat KI nie in staat is om die nuanses van menslike taal en kultuur te verstaan op dieselfde manier as wat 'n menslike skrywer kan nie.

Vooroordeel: KI kan bevooroordeeld wees in sy skryfwerk. Dit is omdat dit opgelei is op datastelle wat vooroordele kan bevat. Byvoorbeeld, as 'n KI opgelei word op 'n datastel van teks wat meestal deur mans geskryf is, is dit dalk meer geneig om teks te genereer wat bevooroordeeld teenoor mans is.

Koste: KI-gegenereerde teks kan duur wees om te vervaardig. Dit is omdat dit die gebruik van kragtige rekenaars en gespesialiseerde sagteware vereis.

Uiteindelik is die besluit of u 'n KI moet vra om 'n boek vir u te skryf, 'n persoonlike een. Daar is beide voordele en nadele om te oorweeg, en die beste opsie vir jou sal afhang van jou

spesifieke behoeftes en doelwitte.

Hier is 'n paar bykomende dinge om in ag te neem wanneer jy besluit of jy 'n KI moet vra om 'n boek vir jou te skryf of nie:

Die tipe boek wat jy wil skryf: Sommige soorte boeke is meer geskik vir KI-gegenereerde teks as ander. Byvoorbeeld, KI-gegenereerde teks kan 'n goeie pas wees vir niefiksieboeke of vir boeke wat baie navorsing verg. KI-gegenereerde teks is egter moontlik nie geskik vir fiksieboeke of vir boeke wat baie kreatiwiteit vereis nie.

Jou begroting: KI-gegenereerde teks kan duur wees om te produseer. As jy 'n beperkte begroting het, sal jy dalk ander opsies wil oorweeg, soos om 'n menslike skrywer te huur of om jou boek self te publiseer.

Jou persoonlike voorkeure: Sommige mense verkies die menslike aanraking van 'n menslike skrywer, terwyl ander meer gemaklik is met KI-gegenereerde teks.

Uiteindelik is die besluit of u 'n KI moet vra om 'n boek vir u te skryf, 'n persoonlike een.

WAT OM TE DOEN NA DIE GEBRUIK VAN KUNSMATIGE INTELLIGENSIE?

Daar is baie insette wat 'n skrywer vanuit 'n menslike hoek kan maak nadat kunsmatige intelligensie 'n boek vir hulle geskryf het.

Hier is 'n paar van die insette wat 'n skrywer kan maak:

Gee terugvoer oor die inhoud: Die skrywer kan terugvoer gee oor die inhoud van die boek, insluitend die intrige, karakters en dialoog.

Voeg hul eie insigte by: Die skrywer kan hul eie insigte en ervarings by die boek voeg, wat kan help om dit meer boeiend en herkenbaar vir lesers te maak.

Verpersoonlik die boek: Die skrywer kan die boek verpersoonlik deur hul eie stem en perspektief by te voeg. Dit kan gedoen word deur persoonlike anekdotes, verwysings na hul eie lewe by te voeg, of deur te skryf in 'n styl wat ooreenstem met hul eie skryfstyl.

Redigeer en hersien die boek: Die skrywer kan die boek redigeer en hersien om te verseker dat dit goed geskryf en foutloos is.

Bemark en bevorder die boek: Die skrywer kan die boek bemark en bevorder om dit te help om 'n wyer gehoor te bereik.

Oor die algemeen is daar baie maniere waarop 'n skrywer hul eie menslike aanraking kan voeg by 'n boek wat deur kunsmatige intelligensie geskryf is. Deur terugvoer te gee, hul eie insigte by te voeg, die boek te personaliseer, te redigeer en te hersien, en die boek te bemark en te bevorder, kan die skrywer help om 'n boek te skep wat beide boeiend en leersaam is.

Hier is 'n paar bykomende wenke vir skrywers wat met kunsmatige intelligensie werk om 'n boek te skryf:

Wees duidelik oor jou doelwitte en verwagtinge: Voordat jy met kunsmatige intelligensie begin werk, is dit belangrik om duidelik te wees oor jou doelwitte en verwagtinge vir die boek. Watter soort boek wil jy skryf? Wat is jou teikengehoor en doelwitte vir die boek? Sodra jy weet wat jy wil bereik, kan jy met kunsmatige intelligensie begin werk om 'n boek te skep wat aan jou behoeftes voldoen.

Wees oop vir terugvoer: Kunsmatige intelligensie kan 'n wonderlike hulpmiddel wees om idees en inhoud te genereer, maar dit is belangrik om oop te wees vir terugvoer van menslike skrywers. Menslike skrywers kan help om areas te identifiseer waar die KI-gegenereerde teks verbeter moet word, en hulle kan ook help om die boek meer boeiend en herkenbaar vir lesers te maak.

Wees geduldig: Om 'n boek te skryf is 'n lang en uitdagende proses, selfs met die hulp van kunsmatige intelligensie. Dit is belangrik om geduldig te wees en jouself tyd te gun om aan die boek te werk. Met tyd en moeite kan jy 'n boek skep wat beide boeiend en leersaam is.

KURSUS 3
BESTE MANIER OM 'N BOEK TE SKRYF?

Daar is geen een-grootte-pas-almal antwoord op hierdie vraag nie, aangesien die beste manier om 'n boek te skryf sal wissel na gelang van die skrywer se individuele skryfproses en voorkeure. Daar is egter 'n paar algemene wenke wat skrywers kan help om 'n boek effektief te skryf.

Hier is 'n paar van die beste maniere om 'n boek te skryf:

Kies 'n onderwerp waaroor jy passievol is. Om 'n boek te skryf is baie werk, daarom is dit belangrik om 'n onderwerp te kies waaroor jy passievol is. Dit sal die skryfproses lekkerder maak en jy sal meer geneig wees om tot die einde daarmee vol te hou.

Doen jou navorsing. Sodra jy 'n onderwerp gekies het, is dit belangrik om jou navorsing te doen. Dit sal jou help om inligting en idees vir jou boek in te samel. Jy kan navorsing doen deur boeke, artikels en webwerwe te lees, of deur onderhoude te voer met mense wat kundig is oor jou onderwerp.

Skets jou boek. 'n Oorsig kan jou help om jou gedagtes en idees te organiseer voordat jy begin skryf. Dit kan jou ook help om op koers te bly terwyl jy jou boek skryf. Daar is baie verskillende maniere om 'n boek te beskryf, so vind 'n metode wat vir jou werk.

Begin skryf! Sodra jy jou navorsing gedoen het en jou boek uiteengesit het, is dit tyd om te begin skryf. Die beste manier om te begin is om net te gaan sit en begin skryf. **Moenie bekommerd wees** om dit eers perfek te maak nie, kry net jou gedagtes op papier. Jy kan altyd teruggaan en later wysig.

Stel realistiese doelwitte. Om 'n boek te skryf kan 'n uitdagende taak wees, daarom is dit belangrik om realistiese doelwitte vir jouself te stel . Moenie probeer om jou hele boek in een keer te skryf nie. Stel eerder klein doelwitte vir jouself, soos om

500 woorde per dag te skryf.

Neem pouses. Skryf kan baie werk wees, daarom is dit belangrik om pouses te neem. Staan op en beweeg rond, of neem 'n paar minute om te ontspan en jou kop skoon te maak. Dit sal jou help om gefokus en produktief te bly.

Kry terugvoer. Sodra jy 'n konsep van jou boek geskryf het, is dit nuttig om terugvoer van ander te kry. Dit kan jou help om enige areas te identifiseer wat verbeter moet word. Jy kan terugvoer van vriende, familie of beta-lesers kry.

Redigeer en hersien. Sodra jy terugvoer oor jou boek gekry het, is dit tyd om te redigeer en te hersien. Dit is waar jy jou skryfwerk sal poets en seker maak dat jou boek die beste is wat dit kan wees.

Publiseer jou boek.
Sodra jy tevrede is
met jou boek, is dit
tyd om dit te
publiseer. Daar is
baie verskillende
maniere om 'n boek
te publiseer, so vind
'n metode wat vir jou
werk.

Deur hierdie wenke te volg, kan dit jou help om 'n boek te skryf wat beide insiggewend en lekker is om te lees.

Hier is 'n paar bykomende wenke wat jy dalk nuttig kan vind:

Vind 'n skryfgemeenskap. Daar is baie aanlyn en vanlyn skryfgemeenskappe wat ondersteuning en aanmoediging kan bied. Om by 'n skryfgemeenskap aan te sluit, kan jou help om gemotiveerd te bly en by ander skrywers te leer.

Moenie opgee nie.
Om 'n boek te skryf is
baie werk, maar dit is
ook baie lonend.
Moenie opgee met
jou droom om 'n boek
te skryf nie. Hou net
aan skryf en
uiteindelik sal jy jou
doel bereik.

HOE OM SKRYWER SE BLOK TE HANTEER?

Skrywersblok is 'n algemene probleem wat enigiemand kan raak wat skryf. Dit kan frustrerend en ontmoedigend wees, maar daar is maniere om dit te vermy en te hanteer.

Hier is 'n paar wenke oor hoe om skrywersblokkade te vermy:

Sit tyd opsy om gereeld te skryf. Selfs as jy nie lus is om te skryf nie, probeer om elke dag tyd opsy te sit om te skryf. Dit sal jou help om in die gewoonte te bly om te skryf en maak dit minder waarskynlik dat jy geblokkeer sal word.

Gratis skryf. Gratis skryfwerk is 'n goeie manier om jou gedagtes te laat vloei en om te verhoed dat jy by een spesifieke idee vashaak. Begin eenvoudig skryf wat ook al by jou opkom, sonder om bekommerd te wees oor grammatika of spelling.

Dinkskrum.

Dinkskrum is nog 'n goeie manier om jou kreatiewe sappe te laat vloei. Skryf enige idees neer wat by jou opkom, maak nie saak hoe mal dit lyk nie. Jy kan altyd terugkom en hulle later wysig.

Lees. Lees kan jou help om geïnspireer te word en nuwe skryftegnieke aan te leer. Lees boeke, artikels en blogplasings wat verband hou met jou skryfonderwerp. Neem pouses. As jy agterkom dat jy vashaak, neem 'n breek van skryf. Gaan stap, luister na musiek of doen iets anders wat jy geniet. Soms is die beste manier om gedeblokkeer te word om eenvoudig 'n tree terug te gee.

Hier is 'n paar wenke oor hoe om skrywersblok te hanteer:

Moenie paniekerig raak nie.

Skrywersblok is 'n algemene probleem, en dit beteken nie dat jy 'n slegte skrywer is nie. Ontspan net en haal 'n paar diep asem.

Verander jou omgewing. As jy vas voel, probeer om jou omgewing te verander. Gaan na 'n

ander plek om te skryf, of probeer skryf op 'n ander tyd van die dag.
Skryf oor iets anders. As jy regtig vas is aan een spesifieke idee, probeer om oor iets anders te skryf. Om oor iets anders te skryf, kan soms jou help om jou kreatiewe sap weer te laat vloei.

Praat met iemand. As jy regtig sukkel, praat met iemand daaroor. 'n Vriend, familielid of skryfafrigter kan ondersteuning en advies bied.

Onthou, skrywersblokkasie is tydelik. Hou net aan skryf, en uiteindelik sal jy gedeblokkeer word.

HOE OM 'N FILMSKRIF TE SKRYF?

Daar is baie stappe betrokke by die skryf van 'n filmdraaiboek, maar hier is 'n paar basiese wenke:

Begin met 'n sterk konsep. Wat is die basiese idee van jou

film? Wat is die storie wat jy wil vertel? Sodra jy 'n sterk konsep het, kan jy begin om die karakters, intrige en omgewing te ontwikkel.

Skep goed ontwikkelde karakters. Jou karakters is die hart van jou film, daarom is dit belangrik om karakters te skep wat geloofwaardig en herkenbaar is. Gee vir hulle agtergrondstories, motiverings en persoonlikhede wat hulle lewendig maak op die bladsy.

Skep 'n boeiende plot. Die intrige is die ruggraat van jou film, daarom is dit belangrik om 'n intrige te skep wat opwindend en boeiend is. Die intrige moet 'n duidelike begin, middel en einde hê, en dit moet konflik, spanning en oplossing insluit. Skryf geloofwaardige dialoog. Die dialoog is een van die belangrikste aspekte van enige rolprentdraaiboek, daarom is dit belangrik om dialoog te skryf wat natuurlik en geloofwaardig is. Die dialoog moet help om die intrige te bevorder en die karakters se motiverings te openbaar.

Formateer jou skrif korrek. Daar is spesifieke formateringsriglyne wat jy moet volg wanneer jy 'n filmdraaiboek skryf. Hierdie riglyne sal verskil na gelang van die formaat wat jy gebruik, maar dit is belangrik om dit noukeurig te volg sodat jou skrif maklik is om te lees en te verstaan.

Kry terugvoer van ander. Sodra jy 'n

konsep van jou draaiboek het, is dit belangrik om terugvoer van ander te kry. Dit sal jou help om enige areas te identifiseer wat verbeter moet word. Hersien en wysig jou skrif. Sodra jy terugvoer ontvang het, sal jy jou skrif moet hersien en redigeer. Dit is 'n belangrike stap, aangesien dit jou sal help om die algehele kwaliteit van jou skrif te verbeter.

Hier is 'n paar bykomende wenke vir die skryf van 'n filmdraaiboek:

Lees ander rolprente. Een van die beste maniere om te leer

hoe om 'n rolprentdraaiboek te skryf, is om ander rolprentskrifte te lees. Dit sal jou 'n goeie begrip gee van die formaat en struktuur van 'n rolprentdraaiboek. Kyk rolprente. Nog 'n goeie manier om te leer hoe om 'n rolprentskrif te skryf, is om flieks te kyk.

Gee aandag aan die manier waarop die storie vertel word, die karakters ontwikkel en die dialoog geskryf word.

Neem 'n draaiboekskryfklas. As jy ernstig is oor die skryf van 'n rolprentdraaiboek, wil jy dalk 'n draaiboekskryfklas neem. Dit sal jou die geleentheid gee om by ervare draaiboekskrywers te leer en terugvoer oor jou werk te kry.

Om 'n rolprentdraaiboek te skryf kan baie werk wees, maar dit kan ook baie pret wees. As jy bereid is om moeite te doen, kan jy 'n rolprentdraaiboek

skep wat 'n sukses sal
wees.

Kursus 3:

KURSUS 4

WÊRELDGEBOU

GEEK AANDAG AAN DIE VOLGENDE:

1. TEIKENGEHOOR
2. NIS
3. GENRE
4. SLEUTELWOORDE
5. KATEGORIEë

6. OPSTELLING
7. KOMPLOT
8. STRUKTUUR
9. HOOFSTUK
10. PARAGRAAF
11. RESENSIES.
12. REËLS VAN GRAMMATIKA
13. ONDERWERP SINNE.
14. ENS.

KURSUS 5

SELF REDIGERING

5.1. REDIGERING VAN TOEPASSE

Daar is baie redigeerprogramme beskikbaar, maar hier is 'n paar van die gewildste en gewildstes:

Adobe Premiere Pro: Dit is 'n professionele video-redigering-toepassing wat deur baie Hollywood-ateljees gebruik word. Dit is 'n kragtige toepassing wat 'n wye reeks kenmerke bied, maar dit kan redelik ingewikkeld wees om te leer.

Final Cut Pro X: Dit is 'n gewilde videobewerkingsprogram vir Mac-gebruikers. Dit is bekend vir sy intuïtiewe koppelvlak en kragtige funksies.

DaVinci Resolve: Dit is 'n gratis en oopbron-videoredigeertoepassing wat al hoe meer gewild word. Dit bied 'n wye reeks kenmerke en word voortdurend opgedateer met nuwe kenmerke.

Lightworks : Dit is 'n professionele graad video redigering toepassing wat bekend is vir sy stabiliteit en gemak van gebruik. Dit is 'n goeie opsie vir gebruikers wat op soek is na 'n kragtige toepassing wat maklik is om te leer.

HitFilm Express: Dit is 'n gratis videobewerkingsprogram wat 'n wye verskeidenheid kenmerke bied. Dit is 'n goeie opsie vir gebruikers wat op soek is na 'n kragtige toepassing sonder die hoë prysetiket.

Hierdie is net 'n paar van die vele redigeringsprogramme wat beskikbaar is. Die beste toepassing vir jou sal afhang van jou spesifieke behoeftes en voorkeure.

As jy 'n beginner is, beveel ek aan om met

'n eenvoudiger toepassing soos Lightworks of HitFilm Express te begin. Sodra jy die basiese beginsels geleer het, kan jy aanbeweeg na 'n meer komplekse toepassing soos Adobe Premiere Pro of Final Cut Pro X.

Hier is 'n paar bykomende faktore om in ag te neem wanneer jy 'n redigeerprogram kies:

Jou begroting: Sommige redigeringsprogramme is gratis, terwyl ander redelik duur kan wees.

Jou bedryfstelsel: Sommige redigeerprogramme is net vir Windows beskikbaar, terwyl ander net vir Mac beskikbaar is.

Jou vlak van ervaring: As jy 'n beginner is, sal jy 'n toepassing nodig hê wat maklik is om te leer. As jy meer ervare is, wil jy dalk 'n toepassing met meer kenmerke hê.

Die tipe projekte waaraan jy wil werk: Sommige redigeringsprogramme is beter geskik vir sekere soorte projekte as ander. As jy byvoorbeeld video's wil redigeer, sal jy 'n toepassing nodig hê wat ontwerp is vir videoredigering.

KURSUS 6

PUBLISERING
TRADISIONELE
UITGEWERKING
INDIE
PUBLISERING
PUBLISERING WYD
DRUK OP
AANVRAAG

SLEUTELWOORDE
EN KATEGORIEë IN
PUBLISERING

Sleutelwoorde en kategorieë is belangrik in publisering omdat dit lesers help om jou werk te vind. Wanneer iemand vir 'n sleutelwoord of kategorie soek, sal jou werk in die soekresultate verskyn as dit daardie sleutelwoorde of kategorieë het. Dit beteken dat jy meer geneig is om deur potensiële lesers gevind te word.

Hier is 'n paar van die belangrikheid van sleutelwoorde en kategorieë in publisering:

Help lesers om jou werk te vind: Wanneer iemand vir

'n sleutelwoord of kategorie soek, sal jou werk in die soekresultate verskyn as dit daardie sleutelwoorde of kategorieë het. Dit beteken dat jy meer geneig is om deur potensiële lesers gevind te word. Verbeter jou vindbaarheid: Sleutelwoorde en kategorieë kan help om jou vindbaarheid op soekenjins en ander platforms te verbeter. Dit beteken dat jou werk meer geneig is om gesien te word deur mense wat belangstel in die onderwerpe waaroor jy skryf.

Verhoog jou leserspubliek: Deur die regte

sleutelwoorde en kategorieë te gebruik, kan jy jou lesertal vermeerder en 'n groter gehoor bereik. Dit kan lei tot meer verkope, aflaaie en ander voordele.

Help jou om jou gehoor te teiken: Sleutelwoorde en kategorieë kan jou help om jou gehoor te teiken. Dit beteken dat jy jou bemarkingspogings kan fokus op die mense wat heel waarskynlik in jou werk sal belangstel.

Hier is 'n paar wenke om die regte sleutelwoorde en kategorieë vir jou werk te kies:

Dink aan jou gehoor: vir wie skryf jy? Wat is hul belange? Watter sleutelwoorde sal hulle waarskynlik gebruik wanneer hulle na inligting soek?
Doen jou navorsing: Gebruik 'n sleutelwoordnavorsingsinstrument om die gewildste

sleutelwoorde vir jou onderwerp te vind. Gebruik 'n verskeidenheid sleutelwoorde: Moenie net een of twee sleutelwoorde gebruik nie. Gebruik 'n verskeidenheid sleutelwoorde om jou kanse om gevind te word, te verbeter. Gebruik relevante kategorieë: Kies kategorieë wat relevant is vir jou onderwerp. Dit sal help om u ontdekbaarheid te verbeter.

Dateer jou sleutelwoorde en kategorieë gereeld op: Soos jou werk ontwikkel, moet jou sleutelwoorde en kategorieë ook. Maak seker dat jy hulle gereeld bywerk om jou werk op datum te hou.

Deur hierdie wenke te volg, kan jy die regte sleutelwoorde en kategorieë vir jou werk kies en jou kanse verbeter om deur potensiële lesers gevind te word.

HOE OM 'N KURSUS OF BOEK TE AANPAS IN 'N FILM

Om 'n kursus by 'n toneelstuk of film aan te pas, kan 'n goeie manier wees om studente te betrek en die materiaal meer onvergeetlik te maak. Hier is 'n paar wenke oor hoe om dit te doen:

Begin deur die sleuteltemas en konsepte van die kursus te identifiseer. Wat is die belangrikste dinge wat jy wil hê studente moet leer? Sodra jy die sleuteltemas geïdentifiseer het, kan jy begin dink oor hoe om dit te dramatiseer.

Oorweeg die formaat van die toneelstuk of film. Sal dit 'n tradisionele toneelstuk, 'n film of iets anders wees? Die formaat sal beïnvloed hoe jy die materiaal aanpas. Byvoorbeeld, 'n film sal jou toelaat om meer aksie en visuele detail te wys as 'n tradisionele toneelstuk.

Dink aan die karakters. Wie is die belangrikste karakters in die kursus? Hoe kan jy hulle lewendig maak in die toneelstuk of film? Die karakters moet herkenbaar en innemend wees vir die gehoor.

Ontwikkel die plot. Hoe sal jy die toneelstuk of film

struktureer? Die intrige moet opwindend en boeiend wees, maar dit moet ook getrou wees aan die materiaal van die kursus.

Skryf die dialoog. Die dialoog is een van die belangrikste aspekte van enige toneelstuk of film. Dit moet natuurlik en geloofwaardig wees, en dit moet help om die plot te bevorder. Die regie van die toneelstuk of film. Sodra jy die draaiboek geskryf het, moet jy die toneelstuk of film regisseer. Dit behels die rolverdeling van akteurs, die blokkering van tonele en die inoefening van die toneelstuk of film.

Om 'n kursus by 'n toneelstuk of film aan te pas kan baie werk wees, maar dit kan ook baie pret wees. As jy bereid is om moeite te doen, kan jy 'n toneelstuk of film skep wat studente sal betrek en die materiaal meer

onvergeetlik sal
maak.

Hier is 'n paar
bykomende wenke
om 'n kursus by 'n
toneelstuk of film aan
te pas:

Gebruik die
omgewing om
atmosfeer en
stemming te skep.
Die opset van 'n

toneelstuk of film kan help om 'n sekere atmosfeer of stemming te skep. As jy byvoorbeeld 'n kursus oor gruwel aanpas, kan jy die toneelstuk of film in 'n donker en grillerige huis plaas. Gebruik rekwisiete en kostuums om visuele belangstelling te skep. Rekwisiete en kostuums kan help om die karakters en omgewing lewendig te maak. Byvoorbeeld, as jy 'n kursus oor geskiedenis aanpas, kan jy tydperkkostuums gebruik om die gehoor te help voel dat hulle terug in tyd is.

Gebruik musiek en klankeffekte om die drama te verbeter. Musiek en klankeffekte kan help om spanning, opwinding of ander emosies te skep. Byvoorbeeld, as jy 'n kursus oor aksie aanpas, kan jy harde klankeffekte gebruik om 'n gevoel van opwinding te skep.

Ek hoop hierdie wenke help jou om jou kursus by 'n toneelstuk of film aan te pas.

KURSUS 7

BEMARKING EN BEVORDERING

Baie geluk met die voltooiing van jou boek! Bemarking van jou boek kan 'n uitdagende taak wees, maar dit is belangrik om te onthou dat jy nie alleen is nie. Daar is baie hulpbronne beskikbaar om jou te help om jou boek te bevorder, en met 'n bietjie beplanning en moeite kan jy jou teikengehoor bereik en jou boek verkoop.

Hier is 'n paar van my beste raad aan 'n nuwe skrywer wat sy boek wil bemark:

Begin vroeg. Die beste tyd om jou boek

te begin bemark, is voordat dit eers gepubliseer word. Dit sal jou tyd gee om opgewondenheid en gons oor jou boek te bou, en om uit te reik na potensiële lesers. Skep 'n sterk bemarkingsplan. Jou bemarkingsplan moet 'n duidelike boodskap oor jou boek, 'n teikengehoor en 'n tydlyn vir bevordering insluit. Jy moet ook die beste kanale identifiseer om jou teikengehoor te bereik.

Bevorder jou boek aanlyn. Daar is baie maniere om jou boek aanlyn te bevorder, soos sosiale media, e-posbemarking en gasblog. Jy moet ook 'n webwerf vir jou boek skep en seker maak dat dit vir soekenjins geoptimaliseer is.

Gasheer geleenthede. Om geleenthede aan te bied is 'n goeie manier om met potensiële lesers te skakel en opwinding vir jou boek te bou. Jy kan boekondertekeninge,

voorlesings of lesings
aanbied.
Kry mediadekking.
Om mediadekking vir
jou boek te kry, kan
help om 'n groter
gehoor te bereik. Jy
kan joernaliste en
bloggers kontak om
te sien of hulle sou
belangstel om oor jou
boek te skryf.
Vra vir hulp van jou
netwerk. Laat weet

jou vriende, familie
en kollegas van jou
boek en vra hulle om
jou te help om die
woord te versprei.
Hulle kan jou boek op
sosiale media deel,
dit by hul vriende
aanbeveel en vir
hulself kopieë van die
boek koop.

Wees geduldig.
Bemarking van jou

boek verg tyd en moeite. Moenie verwag om oornag resultate te sien nie. Hou net daarmee aan, en uiteindelik sal jy begin sien dat jou boek aangryping kry.

Hier is 'n paar bykomende wenke wat jy dalk nuttig kan vind:

Daar is geen een-grootte-pas-almal-antwoord op hierdie vraag nie, aangesien die beste manier om 'n boek bekend te stel, sal wissel na gelang van die boek self, die skrywer se doelwitte en die teikengehoor. Daar is egter 'n paar algemene wenke wat skrywers kan help om

hul boeke suksesvol
bekend te stel.

BESTE MANIER OM 'N BOEK TE LOSEER?

Hier is 'n paar van die
beste maniere om 'n
boek bekend te stel:

Begin vroeg. Die
beste manier om 'n
boek bekend te stel, is

om vroeg te begin beplan. Dit sal jou tyd gee om opgewondenheid vir die boek te bou, uit te reik na potensiële lesers en mediadekking te verseker.

Skep 'n sterk bemarkingsplan. Jou bemarkingsplan moet 'n duidelike boodskap oor die boek, 'n

teikengehoor en 'n
tydlyn vir
bevordering insluit.
Jy moet ook die beste
kanale identifiseer
om jou teikengehoor
te bereik.
Bevorder jou boek
aanlyn. Daar is baie
maniere om jou boek
aanlyn te bevorder,
soos sosiale media, e-
posbemarking en
gasblog. Jy moet ook

'n webwerf vir jou boek skep en seker maak dat dit vir soekenjins geoptimaliseer is.

Gasheer geleenthede. Om geleenthede aan te bied is 'n goeie manier om met potensiële lesers te skakel en opwinding vir jou boek te bou. Jy kan boekondertekeninge, voorlesings of lesings aanbied.

Kry mediadekking.
Om mediadekking vir jou boek te kry, kan help om 'n groter gehoor te bereik. Jy kan joernaliste en bloggers kontak om te sien of hulle sou belangstel om oor jou boek te skryf.

Vra vir hulp van jou netwerk. Laat weet jou vriende, familie en kollegas van jou boek en vra hulle om jou te help om die woord te versprei. Hulle kan jou boek op sosiale media deel, dit by hul vriende aanbeveel en vir hulself kopieë van die boek koop.

Deur hierdie wenke te volg, kan jy jou kanse verhoog om jou boek suksesvol bekend te stel.

Hier is 'n paar bykomende wenke wat jy dalk nuttig kan vind:

Skep 'n buzz. Begin opgewondenheid oor

jou boek genereer voordat dit selfs bekendgestel word. Jy kan dit doen deur uittreksels uit die boek te deel, blogplasings daaroor te skryf of onderhoude te gee. Pas jou promosie aan. Pas jou bemarkingspogings aan by jou teikengehoor. Waarin

stel hulle belang?
Wat is hul pynpunte?
Wat sal maak dat
hulle jou boek wil
lees?

Wees konsekwent.
Moenie jou boek net
een keer bevorder en
dan daarvan vergeet
nie. Hou die
momentum vol deur
opdaterings op
sosiale media te deel,
blogplasings te skryf

en onderhoude te
gee.
Hê pret! Om 'n boek
bekend te stel is baie
werk, maar dit
behoort ook lekker te
wees. Ontspan dus,
geniet die proses en
vier die sukses van
jou boek.

Ek hoop hierdie help!

WAT IS 'N NASIONALE BOEKTOER?

'n Nasionale boektoer is 'n reeks geleenthede waarin 'n skrywer na verskillende stede en dorpe reis om hul boek te bevorder. Hierdie gebeurtenisse kan boektekens, voorlesings, lesings en onderhoude insluit. Die doel van 'n nasionale boektoer is om bewustheid van die boek te verhoog en om verkope te genereer.

Spesiale verkope is 'n tipe promosie wat tipies deur boekwinkels of ander kleinhandelaars aangebied word.

Hierdie verkope kan baie vorme aanneem, soos afslag, koepons of gratis geskenke. Die doel van spesiale verkope is om nuwe kliënte te lok en bestaande kliënte aan te moedig om meer boeke te koop.

Die belangrikste verskil tussen 'n nasionale boektoer en

spesiale verkope is dat 'n nasionale boektoer 'n meer persoonlike en interaktiewe manier is om 'n boek te bevorder. Wanneer 'n skrywer na 'n stad reis om 'n boek te onderteken, het hulle die geleentheid om hul aanhangers te ontmoet en met hulle te kommunikeer. Dit kan help om verhoudings met lesers te bou en om 'n gevoel van opgewondenheid oor die boek te skep.

Spesiale verkope, aan die ander kant, is 'n meer onpersoonlike manier om 'n boek te bevorder. Hulle bied nie dieselfde geleentheid vir skrywers om met lesers kontak te maak nie. Spesiale verkope kan egter 'n baie effektiewe manier wees om verkope te genereer, veral as dit goed bevorder word.

Hier is 'n tabel wat die belangrikste verskille tussen nasionale boektoere

en spesiale verkope
opsom:

Kenmerk
    Nasionale
BoektoerSpesiale
verkope

Doel   Bevorder 'n
boekGenereer
verkope

Formaat Reeks
geleenthede in
verskillende stede
Afslag, koepons,
gratis geskenke

Personalisering
Persoonlik en interaktief
Onpersoonlik
Doeltreffendheid
hang af van die skrywer se gewildheid en die kwaliteit van die boek
Kan baie effektief wees as dit goed bevorder word

Ek hoop hierdie help!

HOE OM 'N BOEKONDERTEKE NING GEBEURTENIS TE ORGANISEER EN HOE VERSKIL DIT VAN 'N BOEKLANSING

Hier is 'n paar wenke oor hoe om 'n boektekengeleentheid te reël:

Kies 'n venue. Jy kan jou boekhandtekening by 'n boekwinkel, biblioteek, koffiewinkel of ander openbare ruimte hou. As jy jou geleentheid by 'n boekwinkel hou, sal jy met die winkel moet werk om toestemming te kry en 'n spasie te verseker.

Bevorder die geleentheid. Laat mense weet van jou boektekengeleentheid deur jou webwerf, sosiale media en e-poslys. Jy kan ook uitreik na plaaslike media om te sien of hulle sou belangstel om die geleentheid te dek.

Hou baie boeke byderhand. Maak seker jy het genoeg boeke vir almal wat hul boek geteken wil kry. Jy kan ook boeke by die geleentheid verkoop, so maak seker dat jy 'n kasregister of kredietkaartmasjien byderhand het.
Laat 'n tafel en stoele opsit vir die skrywer

om boeke te teken. Jy
sal dalk ook 'n tafel
wil hê vir mense om
hul boeke te los om
voor of na die
geleentheid geteken
te word.

Hou 'n paar
promosiemateriaal
byderhand. Dit kan
boekmerke,
strooibiljette of
plakkate oor jou boek
insluit. Jy kan ook

gratis kopieë van jou
boek aan deelnemers
weggee.
Het 'n plan vir
skarebeheer. As jy 'n
groot skare verwag,
sal jy 'n plan moet hê
om mense ordelik te
hou. Dit kan insluit
om iemand by die
deur te hê om
kaartjies na te gaan of
om 'n lynstelsel in
plek te hê.

Wees voorbereid om vrae oor jou boek te beantwoord. Mense sal waarskynlik vrae oor jou boek hê, so wees bereid om dit te beantwoord. Jy kan ook 'n V&A-sessie aan die einde van die geleentheid hê.

Hê pret!

Boektekengeleenthede moet pret wees vir beide die skrywer en

die deelnemers.
Ontspan dus, geniet
jouself en ontmoet
nuwe mense.

Hier is 'n paar van die
belangrikste verskille
tussen 'n
boektekengeleentheid
en 'n
boekbekendstelling:

Gehoor: 'n
Boektekengeleenthei

d is tipies gemik op aanhangers van die skrywer of die boek, terwyl 'n boekbekendstelling tipies gemik is op 'n wyer gehoor, soos die media, professionele mense in die bedryf en potensiële lesers. Inhoud: 'n Boektekengeleentheid is tipies daarop gefokus dat die skrywer boeke vir aanhangers onderteken, terwyl 'n boekbekendstelling 'n toespraak deur die skrywer, 'n V&A-sessie of ander aktiwiteite kan insluit.

Bevordering: 'n Boekondertekeninggeleentheid word tipies aan die skrywer se aanhangers en volgelinge bevorder, terwyl 'n boekbekendstelling tipies aan 'n wyer gehoor bevorder word.

Ek hoop hierdie help!

WAT IS 'N BOEKOUTTEKEN-SESSIE?

'n Boekhandtekening is 'n handtekening

van 'n skrywer op 'n boek. Dit gaan dikwels gepaard met 'n persoonlike boodskap of toewyding. Boekhandtekeninge word dikwels deur versamelaars gesog, aangesien dit 'n waardevolle aandenking van 'n gunsteling boek of skrywer kan wees.

Daar is 'n paar
verskillende maniere
om 'n boek
onderteken te kry.
Een manier is om 'n
boektekengeleentheid
by te woon, waar die
skrywer boeke vir
aanhangers sal teken.
Nog 'n manier is om
die skrywer direk te
kontak en hulle te vra
om 'n boek vir jou te

teken. Jy kan ook
soms getekende
boeke by boekwinkels
of aanlyn vind.

Wanneer 'n boek
onderteken word, is
daar 'n paar dinge om
in gedagte te hou.
Maak eers seker dat
jy 'n boek het wat die
skrywer geskryf het.
Tweedens, kies 'n leë
bladsy in die boek om

te onderteken.
Derdens, wees respek
vir die skrywer se tyd
en ruimte. Ten slotte,
wees seker om die
skrywer te bedank vir
hul tyd en
handtekening.

Hier is 'n paar wenke
om 'n boek te laat
onderteken:

Bring die boek vroeg na die geleentheid, sodat jy nie in die ry hoef te wag nie.
Wees beleefd en respekvol teenoor die skrywer.
Vra vir 'n persoonlike boodskap of toewyding.
Dank die skrywer vir hul tyd.

Hier is 'n paar dinge om te vermy wanneer 'n boek onderteken word:

Moenie 'n beskadigde of vuil boek saambring nie. Moenie die skrywer vra om 'n boek te teken wat hulle nie geskryf het nie. Moenie die skrywer vra om 'n boek te teken wat reeds geteken is nie. Moenie opdringerig of veeleisend wees nie.

HOE KAN EK DOELTREFFEND OP AMAZON.COM ADVERTEER?

Daar is baie maniere om effektief op

Amazon.com te adverteer. Hier is 'n paar van die mees doeltreffende metodes:

Amazon-geborgde produkte: Dit is 'n betaal-per-klik (PPC)-advertensieprogram waarmee u u produkte op Amazon se soekresultatebladsye kan vertoon.

Wanneer 'n koper soek na 'n produk wat soortgelyk is aan joune, kan jou advertensie bo-aan die soekresultatebladsy verskyn.

Amazon-produkvertoonadvertensies: Dit is beeldadvertensies

wat op produkbesonderhede bladsye en in produksoekresultate verskyn. Dit is 'n goeie manier om jou produkte te bevorder aan kopers wat reeds belangstel in wat jy het om te bied.

Amazon Headline Search Ads: Dit is teksadvertensies wat boaan Amazon se soekresultatebladsye verskyn. Dit is 'n goeie manier om jou produkte te bevorder aan kopers wat op soek is na spesifieke sleutelwoorde.

Amazon Video-advertensies: Dit is video-advertensies wat op Amazon se webwerf en mobiele toepassing verskyn. Dit is 'n goeie manier om jou produkte te bevorder aan kopers wat op soek is na boeiende en leersame inhoud.

Amazon Display & Video Creative Studio: Dit is 'n selfdienshulpmiddel waarmee u u eie Amazon-advertensies kan skep en bestuur. Dit is 'n goeie opsie vir besighede wat meer beheer oor hul advertensieveldtogte wil hê.

Wanneer u u Amazon-advertensies skep, is dit belangrik om die volgende in gedagte te hou:

Teiken jou advertensies op die regte gehoor: Maak seker dat jou advertensies gewys word aan mense wat waarskynlik in jou produkte sal belangstel. Jy kan dit doen deur jou advertensies te rig op sleutelwoorde, demografie en belangstellings. Gebruik duidelike en bondige advertensie-kopie: Jou advertensie-kopie moet duidelik en bondig wees, en dit moet die voordele van jou produkte beklemtoon.

Gebruik prente en video's van hoë gehalte: Jou prente en video's moet van hoë gehalte en relevant vir jou produkte wees.

Volg jou resultate: Dit is belangrik om

die resultate van jou Amazon-advertensies na te spoor sodat jy kan sien wat werk en wat nie. Dit sal jou help om jou veldtogte te optimaliseer en die meeste uit jou advertensiebegroting te haal.

Deur hierdie wenke te volg, kan jy effektief op

Amazon.com adverteer en jou teikengehoor bereik.

DIE GEBRUIK VAN VERTALINGS AS BEMARKINGSGEREEDSKAP

Daar is baie voordele daaraan verbonde om jou boeke in ander tale te vertaal. Hier is 'n paar van hulle:

Bereik 'n wyer gehoor: Deur jou boeke in ander tale te vertaal, kan jy 'n groter gehoor van potensiële lesers bereik. Dit kan lei tot verhoogde verkope en tantième.

Verhoog jou sigbaarheid: Wanneer jou boeke in ander tale vertaal word, sal hulle meer sigbaar wees vir lesers regoor die wêreld. Dit kan jou help om jou skrywer se handelsmerk te bou en om nuwe lesers te lok.

Brei jou mark uit: Die vertaling van jou boeke in ander tale kan jou help om jou mark uit te brei en om nuwe verkoopskanale te bereik. Byvoorbeeld, jy kan dalk jou vertaalde boeke deur internasionale kleinhandelaars of deur vreemdetaalboekklubs verkoop.

Kry blootstelling aan nuwe kulture: Die vertaling van jou boeke in ander tale kan jou help om blootstelling aan nuwe kulture te kry. Dit kan 'n waardevolle ervaring vir jou as skrywer wees, en dit kan jou ook help om met lesers van ander kulture te skakel.

Bevorder jou boeke: Die vertaling van jou boeke in ander tale kan jou help om jou boeke in nuwe markte te bevorder. Jy kan dit doen deur boekskoue en feeste by te woon, deur onderhoude aan buitelandse media te gee, en deur jou boeke deur sosiale media en ander aanlyn kanale te bevorder.

As jy dit oorweeg om jou boeke in ander

tale te vertaal, is daar
'n paar dinge wat jy
in gedagte moet hou.
Eerstens moet jy
seker maak dat jou
boeke goed geskryf is
en dat dit van hoë
gehalte is. Jy moet
ook seker maak dat jy
'n betroubare
vertaalagentskap kry
wat jou boeke
akkuraat en

professioneel kan vertaal.

Om jou boeke in ander tale te vertaal kan 'n goeie manier wees om 'n groter gehoor te bereik, jou sigbaarheid te verhoog en jou mark uit te brei. As jy ernstig is oor jou skryfloopbaan, is dit iets om te oorweeg.

AMAZON MEDEDINGERS/ALTERNATIEWE

Hier is 10 alternatiewe onafhanklike uitgewers vir Amazon:

Barnes & Noble Press: Dit is 'n tradisionele uitgewer

wat 'n wye reeks dienste bied, insluitend redigering, bemarking en verspreiding.

CreateSpace : Dit is 'n selfpublikasieplatform wat skrywers toelaat om hul boeke deur Amazon te publiseer en te verkoop.

IngramSpark : Dit is 'n druk-op-aanvraag (POD) uitgewer wat skrywers toelaat om hul boeke te publiseer en te verkoop deur 'n verskeidenheid kleinhandelaars, insluitend Amazon. Lulu: Dit is 'n POD-uitgewer wat skrywers toelaat om hul boeke in 'n verskeidenheid formate te publiseer en te verkoop, insluitend gedrukte, e-boeke en oudioboeke.

Pear Press: Dit is 'n tradisionele uitgewer wat fokus op die uitgee van boeke vir kinders en jong volwassenes.

Prometheus Books: Dit is 'n niewinsgewende uitgewer wat boeke oor 'n verskeidenheid onderwerpe publiseer, insluitend wetenskap, filosofie en politiek. Kleinpersverspreiding: Dit is 'n verspreider wat met onafhanklike uitgewers werk om hul boeke in boekwinkels en biblioteke te kry.

Smashwords : Dit is 'n POD-uitgewer wat skrywers toelaat om hul e-boeke te publiseer en te verkoop deur 'n verskeidenheid kleinhandelaars, insluitend Amazon. Ongebonde boeke: Dit is 'n skarebefondsde uitgewer wat skrywers toelaat om geld in te samel om hul boeke te publiseer.

WordPress : Dit is 'n inhoudbestuurstelsel wat skrywers toelaat om hul eie webwerwe te skep en te publiseer.

Hierdie is net 'n paar van die talle onafhanklike uitgewers wat beskikbaar is. Wanneer jy 'n uitgewer kies, is dit belangrik om jou behoeftes en doelwitte in ag te neem. Wil jy saam met 'n tradisionele uitgewer werk wat meer dienste bied, of wil jy self publiseer en meer beheer oor die proses hê? Wil jy in druk of e-boeke publiseer? Sodra jy jou behoeftes oorweeg het, kan jy uitgewers begin ondersoek om die beste pas vir jou te vind.

HOE KAN EK DOELTREFFEND OP AMAZON.COM ADVERTEER?

Daar is baie maniere om effektief op Amazon.com te adverteer. Hier is 'n paar van die mees doeltreffende metodes:

Amazon-geborgde produkte: Dit is 'n betaal-per-klik (PPC)-advertensieprogram waarmee u u produkte op Amazon se soekresultatebladsye kan vertoon. Wanneer 'n koper soek na 'n produk wat soortgelyk is aan joune, kan jou advertensie bo-aan die soekresultatebladsy verskyn .

Amazon-produkvertoonadvertensies: Dit is beeldadvertensies wat op produkbesonderhede bladsye en in produksoekresultate verskyn. Dit is 'n goeie manier om jou produkte te bevorder aan kopers wat reeds belangstel in wat jy het om te bied.

Amazon Headline Search Ads: Dit is teksadvertensies wat boaan Amazon se soekresultatebladsye verskyn. Dit is 'n goeie manier om jou produkte te bevorder aan kopers wat op soek is na spesifieke sleutelwoorde.

Amazon Video-advertensies: Dit is video-advertensies wat op Amazon se webwerf en mobiele toepassing verskyn. Dit is 'n goeie manier om jou produkte te bevorder aan kopers wat op soek is na boeiende en leersame inhoud.

Amazon Display & Video Creative Studio: Dit is 'n selfdienshulpmiddel waarmee u u eie Amazon-advertensies kan skep en bestuur. Dit is 'n goeie opsie vir besighede wat meer beheer oor hul advertensieveldtogte wil hê.

Wanneer u u Amazon-advertensies skep, is dit belangrik om die volgende in gedagte te hou:

Teiken jou advertensies op die regte gehoor: Maak seker dat jou advertensies gewys word aan mense wat waarskynlik in jou produkte sal

belangstel. Jy kan dit
doen deur jou
advertensies te rig op
sleutelwoorde,
demografie en
belangstellings.
Gebruik duidelike en
bondige advertensie-
kopie: Jou
advertensie-kopie
moet duidelik en
bondig wees, en dit
moet die voordele

van jou produkte
beklemtoon.
Gebruik prente en
video's van hoë
gehalte: Jou prente
en video's moet van
hoë gehalte en
relevant vir jou
produkte wees.
Volg jou resultate:
Dit is belangrik om
die resultate van jou
Amazon-advertensies
na te spoor sodat jy

kan sien wat werk en wat nie. Dit sal jou help om jou veldtogte te optimaliseer en die meeste uit jou advertensiebegroting te haal.

Deur hierdie wenke te volg, kan jy effektief op Amazon.com adverteer en jou teikengehoor bereik.

WAT IS DIE VOOR- EN NADELE DAARVAN OM 'N BOEK TE SERIALISEER?

Daar is beide voordele en nadele daaraan verbonde om 'n boek te serialiseer.

Voordele:

Bou afwagting: Die serialisering van 'n boek kan help om afwagting vir die finale produk te bou. Dit is omdat lesers gretig sal wag vir die volgende aflewering, wat kan help om 'n gevoel van opwinding en spanning te skep.

Verhoog betrokkenheid: Die serialisering van 'n

boek kan ook help om betrokkenheid by lesers te verhoog. Dit is omdat lesers meer geneig sal wees om terug te keer na die boek as hulle weet dat daar meer inhoud is om te kom.

Laat terugvoer toe: Die serialisering van 'n boek kan ook voorsiening maak vir terugvoer van lesers.

Dit is omdat lesers hul gedagtes en opinies oor die boek kan deel terwyl dit vrygestel word, wat die skrywer kan help om die boek te verbeter.

Nadele:

Om 'n reeks te skryf, kan 'n moeilike ding wees om mee tred te hou. Dit kan moeilik wees om 'n boek mee te serialiseer, veral as die boek lank of kompleks is. Dit is omdat lesers op 'n gereelde basis nuwe inhoud sal verwag , en die skrywer sal in staat moet wees om aan daardie verwagting te voldoen.

Kan moeilik wees om te bemark: Die serialisering van 'n boek kan moeilik wees om te bemark, veral as die boek nie bekend is nie. Dit is omdat lesers dalk nie bewus is daarvan dat die boek in reeksvorm gemaak word nie, en hulle mag dalk nie belangstel om 'n boek te begin wat hulle weet hulle nie dadelik sal kan voltooi nie.

Kan moeilik wees om af te handel: Dit kan moeilik wees om 'n boek te serialiseer, veral as die skrywer belangstelling in die projek verloor of as hulle kreatiewe padblokkades teëkom. Dit is omdat die skrywer by die projek sal moet kan volhou totdat dit klaar is, selfs al neem dit lank.

Uiteindelik is die besluit om 'n boek te serialiseer of nie 'n persoonlike een. Daar is beide voordele en nadele om te oorweeg, en die beste opsie vir jou sal afhang van jou

spesifieke behoeftes en doelwitte.

Hier is 'n paar bykomende dinge om in ag te neem wanneer jy besluit of jy 'n boek gaan reeks maak of nie:

Die genre van die boek: Sommige genres is meer geskik vir serialisering as ander. Byvoorbeeld, reeksfiksie kan 'n goeie manier wees om afwagting en spanning op te bou, terwyl reeks niefiksie 'n goeie manier kan wees om lesers van gereelde opdaterings oor 'n spesifieke onderwerp te voorsien.

Jou teikengehoor:
Jou teikengehoor sal

ook 'n rol speel in die besluit of jy jou boek wil reeksmaak of nie. As jou teikengehoor bestaan uit mense wat gewoond is daaraan om inhoud in 'n reeksformaat te verbruik, kan die reeks van jou boek 'n goeie opsie wees. As jou teikengehoor egter nie daaraan gewoond is om

inhoud in 'n reeksformaat te verbruik nie, is die serialisering van jou boek dalk nie die beste opsie nie.
Jou eie voorkeure: Uiteindelik is die besluit om 'n boek te serialiseer of nie 'n persoonlike een. As jy gemaklik is met die idee om jou boek te serialiseer en jy dink

dit is die beste manier om jou teikengehoor te bereik, en gaan dan daarvoor. As jy egter nie gemaklik is met die idee om jou boek te serialiseer nie of jy dink dit is nie die beste manier om jou teikengehoor te bereik nie, moet dit dan nie doen nie.

ANDER BOEKE DEUR DIESELFDE OUTEUR

1. TIEN GEVALLE WANNEER 'N MAN NIE SY VROU MOET GEHOORSAAM NIE.

2. HOE OM MET BOERIGE GEESTE MIDDELOOS TE HANTEER.

3. DIE VINNIGSTE MANIER OM MENSE TE DISSIPELE.

4. HOE OM DIE GEES VAN STYS EN VAL ONGELOOFLIK TE HANTEER

5. WAT SAL GOD

PASTOORS VRA OP DIE OORDEELSDAG?

6. DIE GROOTSTE FOUTE WAT VANDAG SE JEUGDES MAAK

7. DIE GROOTSTE WAPENS HET

JESUS ONS GEGEE

8.   HOE OM JOU KINDERS TE BEMAGTIG.

9.   HOE OM ONGELOOFLIK TE HANDEL MET SKIETELIKE STOMHEID IN JOU VROU.

10.   HOEKOM
EK CHATGPT
VAN MY FOON
GEVEE HET.

11.   HOE OM
ONGELOOFLIK
TE HANTEER
BOSE WAT IN
DIE NAG
STAAK

12.   HOE OM
GENEEDELIK

MET VYANDE
TE HANTEER.

13.   TIEN DINGE
WAT JOU
WAARLIK 'N
CHRISTEN
MAAK.

14.   HOE GOD
MENSE
VOORBEREI
VIR
UITBUITING.

15. HOE OM TE WEET OF 'N MEISIE 'N HUISVROU MATERIAAL IS

OOR DIE SKRYWER

Oor die jare het New Dimensions Ministries finansiële intelligensie aan haar studente onderrig. Die rede is dat Bediening slegs 3 bene het, naamlik; Integriteit, Salwing & Evangelisasie.

www.ingramcontent.com/pod-product-compliance
Lightning Source LLC
Chambersburg PA
CBHW072137290526
45794CB00004B/1356